Dario Fischer

Besondere Arbeitsverhältnisse

Skript und Klausurvorbereitung

GRIN Verlag

Bibliografische Information der Deutschen Nationalbibliothek:

Die Deutsche Bibliothek verzeichnet diese Publikation in der Deutschen National-
bibliografie; detaillierte bibliografische Daten sind im Internet über http://dnb.d-
nb.de/ abrufbar.

Impressum:

Copyright © 2014 GRIN Verlag GmbH
Druck und Bindung: Books on Demand GmbH, Norderstedt Germany
ISBN: 978-3-656-73675-2

Dieses Buch bei GRIN:

http://www.grin.com/de/e-book/280203/besondere-arbeitsverhaeltnisse

GRIN - Your knowledge has value

Der GRIN Verlag publiziert seit 1998 wissenschaftliche Arbeiten von Studenten, Hochschullehrern und anderen Akademikern als eBook und gedrucktes Buch. Die Verlagswebsite www.grin.com ist die ideale Plattform zur Veröffentlichung von Hausarbeiten, Abschlussarbeiten, wissenschaftlichen Aufsätzen, Dissertationen und Fachbüchern.

Besuchen Sie uns im Internet:

http://www.grin.com/

http://www.facebook.com/grincom

http://www.twitter.com/grin_com

Inhaltsverzeichnis „Besondere Arbeitsverhältnisse"

Arbeitsrecht: Besondere Arbeitsverhältnisse

-> Beachte auch: Einstiegsfall und Lösungsskizze auf Lehrstuhlseite zu finden

- Nicht prüfungsrelevant: Kündigungsschutzklage

I. Einführung

1.) Erscheinungsformen des „Besonderen"

- Definition „Besondere Arbeitsverhältnisse":

    - sind weit gefächert und entstehen durch Vertragsfreiheit

    - viele verschiedene Erscheinungsformen → kein einheitliches Muster

- Vergleiche: Normales Arbeitsverhältnis:

    - besonderes Dienstverhältnis

    - §§611 ff. BGB (einzelne Schuldverhältnisse)

    - Arbeitsvertrag (privatrechtlicher Vertrag) = Unterart des Dienstvertrages (Leistung geschuldet) ‡ Werkvertrag (Erfolg geschuldet)

    - Dienstleistung

    - besondere Art des Dienstvertrags

    - reine Leistung/ Tätigkeit geschuldet, nicht Erfolg

    - Dienstvertrag muss vorliegen

- Unterschied Arbeitsvertrag <-> freier Dienstvertrag:

    1. Soziale Abhängigkeit des Arbeitnehmer vom Arbeitgeber durch:

        - Weisungsgebundenheit ‡ §84 HGB (Definition „selbständig")

        - Weisungen unterworfen

    2. Einbindung in betriebsbestimmte Abläufe

    3. Entscheidend ist nicht der persönliche Status einer Person, sondern die Basis ist der Vertrag

    4. Wirtschaftliche Abhängigkeit ist nicht entscheidend

Prüfungsschema „Besonderes Arbeitsverhältnis":

- Vorliegen aller 4 Merkmale kaum noch vorhanden (durch Vertragsfreiheit)

    → Freie Gestaltung der Verträge und teilweise Arbeitsverträge

- Beispiel: Im AV Jahresgesamtarbeitszeit festgelegt → AN kann bestimmen, wann er arbeitet, solange der Vertrag erfüllt wird

- Beachte jedoch: Begrenzung durch Gesetz

→ Es müssen also nicht alle Merkmale vorliegen!

- Normalarbeitsverhältnis:

- 40 Std./ Woche (Vollzeit)

- nicht leitend

- weisungsgebunden

- unbefristet

- arbeitet bei Vertragspartner im Betrieb

→ **Wertende Gesamtbetrachtung** (Wertung der Elemente des Vertrages (Modifikatoren))

→ Besonderes Arbeitsverhältnis?

2.) Mögliche Auswirkungen des „Besonderen"

- Was bedeutet Arbeitsrecht für die Modifikatoren?

- Zwingende Arbeitsrechts-Normen?

- Arbeitsvertrag <-> besonderes Arbeitsverhältnis (allgemeine Regelungen werden modifiziert)

II. Beispiele „Besonderer Arbeitsverhältnisse"

1. Leitende Angestellte

- Arbeitgeber-Aufgaben werden an sie delegiert.

- Sie erhalten Entscheidungsspielräume und Handlungsfreiheiten.

- (teilweise auch komplette) Leitung einer Abteilung

1.) Grund der besonderen Behandlung

- Entscheidungskompetenz rückt auf niedrigere Hierarchieebene

- Leitender Angestellter steht dazwischen: Ist Arbeitnehmer, aber mit Rechten & Pflichten eines Arbeitgebers (unternehmerische Tätigkeiten/ Aufgaben)

-> Rechtfertigung für besondere Regelungen

2.) Sonderregelungen im Überblick

- keine geschlossenen, sondern punktuelle Regelungen

- grundsätzlich findet das Arbeitsrecht Anwendung (da immer noch „Angestellter")

- eingebunden in Betriebsorganisation

- Charakter des „normalen Arbeitnehmers" durch geringe Weisungsgebundenheit bleibt erhalten

- §5 Abs. 3 S. 2 BetrVG: Merkmale eines Leitenden Angestellten (Definition)

- nicht in Betriebsrat wählbar & darf nicht wählen

    - BetrVG findet grundsätzlich keine Anwendung (§5 Abs. 3 S. 1 BetrVG)

    - Betriebsvereinbarungen finden keine Anwendung (keine Wirkung, aber auch keine Bindung), da im „Unternehmerlager"

    - §102 BetrVG → Keine Wirkung (Mitbestimmung des Betriebsrats (bei Kündigung))

- §105 BetrVG: Einstellung & Veränderung eines Leitenden Angestellten ist dem Betriebsrat mitzuteilen (aber keine Zustimmungsverweigerung)

- §99 BetrVG gilt nicht

- §18 Abs. 1 Nr. 1 ArbZG nicht anwendbar (Definition gemäß §5 Abs. 3 S. 2 BetrVG)

- **§14 Abs. 2 KSchG** differenziert den Leitenden Angestellten

    → Anwendbarkeit des KSchG dennoch

- Vertretung der Leitenden Angestellten durch Sprecherausschuss nach SprAuG

    - keine Vereinbarung zwischen Arbeitgeber und Sprecherausschuss

    - keine normative Wirkung (≠ Betriebsrat)

    - Anhörung vor Kündigung zwingend (§31 Abs. 2 S. 1,3 SprAuG)

    (vgl. §102 BetrVG bei Betriebsrat und Arbeitnehmer)

- §9 Abs. 2 KSchG → Wichtige Gründe:

    - Betriebliches Vertrauensverhältnis (Beleidigungen bspw.)

    - Fehler bei Personalauswahl (Personalüberhang bspw.)

    - Person bedingte Gründe (Körperlicher Leistungsfähigkeit etc.)

    - usw.

- §15 KSchG gilt nicht für Mitglieder eines Sprecherausschusses (auch keine Analogie!)

→ Fazit: Leitende Angestellte gehören der Arbeitgeber-Seite an! Das Arbeitsrecht findet Anwendung, es gilt aber die Sonderregelungen zu beachten!

3.) Begriff des Leitenden Angestellten

- §5 Abs. 3 BetrVG (Definition)

Nr. 1 + 2 = formale Kriterien; Nr. 3 = Funktionsweise

- §5 Abs. 4 BetrVG falls Unklarheiten bei Abs. 3 geblieben sind; nur dann prüfen!

a) Unterschiedliche Gesetzesbestimmungen

Leitende Angestellte müssen definiert sein, sie können nicht einfach nur ernannt werden (Übertragung von Rechten und Entscheidungsbefugnissen). → Vorbeugung von wahllosen Ernennungen zu Leitenden Angestellten (keine reinen Arbeitnehmer mehr; mehr Arbeit, aus Betriebsrat ausgeschlossen) → Titulatprokuristen

- §3 Abs. 3 BetrVG = Definition Arbeitnehmer (Masse) zur Prüfung Leitender Angestellter

Abs. 4 bei Zweifeln der vorangegangen Bereiche prüfen (nur dann)!

b) Regelungen in §5 Abs. 3 BetrVG

→ Prüfungsschritte (Sobald eine Nummer bejaht wird, handelt es sich um einen Leitenden Angestellten)

aa) Formale Kriterien

(1) §5 Abs. 3 Nr. 1 BetrVG:

- größere Anzahl von Arbeitnehmern vonnöten (Umfeld/ ganzer Bereich)

- wenn Entscheidungen abgesegnet werden müssen → keine Selbstständigkeit (Selbständigkeit aber vonnöten; Ausnahme: Budgetmittel)

- Ausnahme: §95 BetrVG = Auswahlrichtlinien → Leitender Angestellter kann trotzdem entscheiden (s. Exkurs)

(2) §5 Abs. 3 Nr. 2 BetrVG:

- Erteilung der Befugnis den Arbeitgeber in großem Umfang zu vertreten

- Generalvollmacht mindestens gleichwertig gegenüber der Prokura; geht eher darüber hinaus

- Prokura = Vertretungsmacht (gesetzlich normiert, umfassend) für alles außer Grundstücksgeschäfte (§49 HGB)

- Dritten gegenüber unwirksam, wenn Arbeitgeber Prokura mit (Volumens-) Einschränkungen erteilt (nur gesetzlich festgelegte Einschränkungen gültig) → keine Außenwirkung bei Beschränkung

- §50 Abs. 1 HGB für Innenwirkung relevant

- §278 BGB für Schadensersatz bei Verstoß gegen Prokura

→ Beschränkung der Prokura hat über die handelsrechtliche Schiene oftmals eher negative Auswirkungen für Arbeitgeber

- Je mehr Beschränkungen, desto eher Verneinung der Nr. 2

- Generalvollmacht = kann alles umfassen (auch Grundstücke)

- Handlungsvollmacht fällt nicht unter Nr. 2, da sie immer hinter der Prokura zurückfällt, durch §54 HGB (Normierung im Außenverhältnis nicht möglich)

Exkurs: Einstellung und Kündigung durch Leitenden Angestellten

- §102 BetrVG: lediglich Anhörung, keine Mitbestimmung (Beteiligungsrecht ausgenutzt → kündigt trotzdem)

- §99 BetrVG: Möglichkeit der Zustimmungsverweigerung bei Einstellung → Gesetzgeber geht davon aus, dass Zustimmung wegen Personalentscheidungskompetenz erteilt wird; Betriebsrat kann aber verweigern (bei Rechtsverstoß (bspw. Verletzung einer Auswahlrichtlinie)).

bb) Funktionsbezogene Kriterien

(3) §5 Abs. 3 Nr. 3 BetrVG:

- unbestimmte Rechtsbegriffe; sind aber abschließend:

- für Entwicklung/ Bestand des Unternehmens von Bedeutung

- besondere Erfahrungen und Kenntnisse (bspw. Fortbildung) → Anforderungen hoch gesteckt

- Entscheidungen weisungsfrei getroffen oder maßgeblich beeinflusst (im Wesentlichen → auch in Zusammenarbeit mit anderen Leitenden Angestellten), bspw. Beraterfunktion für Chefetage (Wegvorgabe für Entscheidungsfindung → Assistent der Geschäftsführung)

c.) Bedeutung und Inhalt des §5 Abs. 4 BetrVG

- bei Zweifeln nach Prüfung des §5 Abs. 3 Nr. 3 BetrVG

- §5 Abs. 4 Nr. 2 BetrVG: Quervergleiche mit anderen Leitenden Angestellten in einem Unternehmen (Ebene)

- §5 Abs. 4 Nr. 3 BetrVG: finanzieller Aspekt; Gehalt vergleichen

  - Rechengrößen werden immer angepasst

4.) Rechtsfolgen der Stellung als Leitender Angestellter

- Leitender Angestellter hat Kündigungsschutz

- §15 KSchG gilt nicht für Sprecherausschuss

- Rechtsstellung führt zu gesteigerten Nebenpflichten (Loyalitätspflicht, ...)

  - Loyalitätspflicht auch in außerordentlichen, privaten Bereichen (Benehmen, etc.)

- Exkurs: Überstundenvergütung bei einem normalem Arbeitnehmer:

- §612 BGB: Anspruchsnorm für Vergütung von Überstunden

- wenn im Vertrag keine Arbeitszeit festgelegt → Betriebsstandard gilt

- Überstundenvergütung nur, wenn vertraglich festgelegt

- Überstunden müssen betrieblich notwendig sein (Arbeitnehmer kann nicht einfach mehr arbeiten, um mehr Lohn zu bekommen)

- Anwendung auf den Leitenden Angestellten:

- Leitende Angestellte bekommen keine Überstundenvergütung → im Gehalt bereits enthalten (höheres Arbeitsvolumen wird vorausgesetzt)!

- Loyalitäts- und andere Nebenpflichten (Vertrauensgrundlage, etc.) bieten dem Arbeitgeber bessere Möglichkeiten zur außerordentlichen (verhaltensbedingten) Kündigung (bei normalen Arbeitnehmer eher Abmahnung)

- bspw. Spesenabrechnung bei Betriebsreisen → Abmahnung bei „Fehler" nicht erforderlich

- n.h.M.: Leitende Angestellte → Innerbetrieblicher (da Arbeitnehmer) Schadensausgleich

- Mittelmeinung: keine Haftungserleichterung bei ihm speziell zugetragenen Aufgaben und Pflichtverletzung → sehr umstritten!

5.) Sprecherausschuss für Leitende Angestellte

- nach SprAuG

- repräsentiert Leitende Angestellte im Betrieb (Repräsentant < Vertreter)

- macht Rechte der Arbeitnehmer geltend, vertritt sie aber nicht → kann keinen Kündigungsrechtsstreit führen

- §1 SprAuG: mind. 10 Leitende Angestellte müssen zur Bildung eines Sprecherausschusses im Betrieb vorhanden sein → Entscheidung der Leitenden Angestellten, ob Sprecherausschuss eingerichtet werden soll

- Wahl des Sprecherausschusses ähnlich wie beim Betriebsrat (s. auch §5 SprAuG)

- §2 SprAuG: Grundsatz der vertrauensvollen Zusammenarbeit

- Befugnisse des Sprecherausschusses: §§30 ff. SprAuG

→ Soziale Angelegenheiten werden nicht erfasst bei der Mitbestimmung, da Leitende Angestellte auf Arbeitgeber-Ebene zu finden sind.

- §28 SprAuG: Richtlinien und Vereinbarungen (vgl. Betriebsvereinbarung nach §77 IV 1 BetrVG)

- unmittelbare und zwingende Wirkung nur bei ausdrücklicher Vereinbarung! (§28 II 1 SprAuG)

- §31 Abs. 1 SprAuG: im Vergleich mit Betriebsrat keine echte Mitbestimmung bei Kündigung → lediglich Mitteilungsrecht

- §31 Abs. 2 SprAuG: analog §102 BetrVG

- §14 SprAuG: Arbeitsbefreiung und Kosten für Sprecherausschuss

    - §37 BetrVG: keine Aufwandsentschädigung (auch für Sprecherausschuss)

2. Flexibilisierung der Arbeitszeit

1.) Gegebenheiten im Normalarbeitsverhältnis

- Vollzeit

- unbefristet

- feste Arbeitszeit (8h/Tag; 40h/Woche); maximal 10h/Tag

- persönliche Arbeitszeit entkoppelt von Betriebszeit (Öffnungszeiten > 8h)

2.) Interessenlage und Elemente der Arbeitszeitflexibilisierung

a.)

- Entkopplung bietet Spielraum für Flexibilisierung, bspw. Schichtarbeit

- Vor- und Nachteile für Arbeitgeber und Arbeitnehmer (Motive überschneiden sich)

- Flexibilisierung auch an kollektivrechtliche Weisungen gebunden (Betriebsrat mit Mitspracherechte, sofern Arbeitgeber vom Weisungsrecht Nutzung macht)

- kann von beidseitigem Willen getragen werden, aber trotzdem gesetzeswidrig sein

b.)

- Volumen der Arbeitszeit: Umfang der geschuldeten Arbeitsleistung (siehe Tarif- oder Arbeitsvertrag) → unabhängig vom ArbZG, außer Gesetz der Höchstarbeitszeit (6*8h, d.h. 48h)

- Verteilung der Arbeitszeit: geregelt in Arbeitsvertrag, Betriebsvereinbarung oder selten in Firmen-Tarifverträgen

    - Zeitstrecken: Tage pro Wochen oder Wochen pro Monat

    - Länge: Wie viel täglich oder in einer Arbeitswoche (AV,BV) → Beachtung ArbZG → §87 Abs. 1 Nr. 2 BetrVG: Mitbestimmung Betriebsrat

    - Lage: Anfang und Ende, Dienstbeginn, …

        Bei Schicht: Nachtarbeit?

        → Mitbestimmung BR: §87 Abs. 1 Nr. 2 BetrVG → nur innerhalb des Volumens!

    - Dauer: keine Mitbestimmung des Betriebsrats! (nur äußerer Rahmen)

3.) Rechtlicher Rahmen der Arbeitszeitflexibilisierung

- vorallem im ArbZG geregelt

- „Regelarbeitszeit": §3 ArbZG (8h/Tag, max. 48h/Woche)

- Verlängerungsmöglichkeit auf bis zu 10h/Tag, aber Durchschnitt im Ausgleichszeitraum nicht mehr als 8h/Tag (§3 S. 2 ArbZG)

- Ruhezeiten, Pausen

- Verbot der Sonntagsarbeit nach §9 ArbZG

- wenn Arbeitskleidung vertraglich festgelegt ist, gehört das Ankleiden zur geschuldeten Arbeitszeit
→ Betriebsrat hat daher Mitbestimmungsrecht

- §3 ArbZG:

    - S. 1: werktägliche Arbeitszeit (6 Tage * 8h/Tag = 48h/Woche)

    - S. 2: Erhöhung auf 10h/Tag möglich, wenn 8h/Tag im Schnitt pro 24 Wochen nicht überschritten wird → Überforderungsschutz als Gesundheitsschutz

        - Beispiel:

            6*8= 48   * 24 (Ausgleichszeitraum) = 1152h = 144 Tage

            6*10= 60   *24 = …. = 116 Tage

                → 28 Urlaubstage (Flexibilisierungsrahmen)

- §7 ArbZG: Abweichende Regelungen

    - z.B. Nr. 1 b) anderen Ausgleichszeitraum für §3 S. 2 festlegen

    - Nr. 1 a) mehr als 10h/Tag, wenn Arbeitsbereitschaft oder Bereitschaftsdienst enthalten

        - Arbeitsbereitschaft: jemand hält sich für normale, geschuldete Arbeit bereit; es liegt aber keine vor

        - Bereitschaftsdienst: jemand hält sich für Notfälle bereit (z.B. Arzt)

        → Am Ort der zu verrichtenden Leistung ‡ Rufbereitschaft (Zuhause auf Abruf)

        → zählen zur Arbeitszeit (früher: Freizeit)

        → keine Rufbereitschaft, wenn Zeitraum festgelegt ist, in dem Arbeitnehmer vor Ort sein müsste → Bereitschaftsdienst

- §9 ArbZG: Sonntagsarbeitsverbot

- §10 ArbZG: Ausnahmeregelungen von §9 ArbZG

4.) Praktische Flexibilisierungsmodelle

a.) Schichtarbeit und Gleitzeitmodelle (einfache und qualifizierte Gleitzeit)

- Gleitzeitmodelle: klassische Modelle der Flexibilisierung

- einfache Gleitzeit: Flexibilisierung innerhalb eines Tages. Bei 10h/Tag Betriebszeit kann Arbeitnehmer seine 8h/Tag beliebig abarbeiten

- qualifizierte Gleitzeit: festgelegter Rahmen (Phasen), in denen man „gleiten" kann. Vorliegen einer Kern- (Arbeits-) Zeit, in der jeder Mitarbeiter vorhanden sein muss. Je größer die Gleitzeit hierbei, desto größer die Flexibilisierung. (Bei 8h Kernzeit muss 10h regelmäßig sein.)

- Größter Unterschied: Möglichkeit bei qualifizierter Gleitzeit mal mehr und mal weniger zu arbeiten.

→ Notwendigkeit von Ausgleichszeiträumen (unternehmerisches Interesse, das sich nicht zu viel Urlaubszeit „aufstaut" dank hoher Flexibilität)

→ Zeichnen sich alle durch gleiche Vergütung aus (egal, ob weniger oder mehr pro Monat gearbeitet wird, da alle trotzdem dieselbe Arbeitszeit/ Ausgleichszeitraum haben)

- Umsetzung: Arbeitszeitkonten (zentrale Bedeutung, da Übersicht über bereits geleistete Arbeitszeit); Stechzeit

    - §87 Abs. 1 Nr. 2 BetrVG: echtes Mitbestimmungsrecht des Betriebsrats (Kontrolle → technisch; s. Arbeitszeitkonten, nach §87 Abs. 1 Nr. 6 BetrVG)

b.) Hochflexible Arbeitszeitmodelle, insbesondere Jahresarbeitszeit

- Vertrauensarbeitszeit: keine wirkliche Kontrolle, basiert auf Teamarbeit (Kollegen passen auf)

- alternativ: Arbeitnehmer notiert Arbeitszeiten selber, Arbeitgeber zeichnet gegen

- Festlegung von Jahresarbeitszeit: Urlaubsanspruch wird von geschuldeter Arbeitszeit direkt abgerechnet

- selten durchgesetzt: Lebensarbeitszeitkonten (mehr Arbeit in jungen Jahren, früher in Rente gehen)

5. Besondere Probleme

a.) Arbeitszeitkonto

- Registrierung von Guthaben und Defiziten (mit Stechzeit)

- meistens in Arbeitsstunden geführt (aber auch Möglichkeit mit Geld zu führen) [→ geführt in Geld- oder Zeiteinheiten]

- Ziel: Ausgleich von Guthaben und Defiziten → an bestimmten Stichtagen soll ein ausgeglichenes Konto vorliegen (Zielsetzung: Zeitausgleich oder Geldausgleich)

- in der Praxis mehrere verschiedene Konten:

- <u>Kurzzeitkonto</u>: wird monatlich geführt; am Ende Abrechnung, bei + oder – wird auf das sogenannte Flexikonto gebucht (ähnelt Sparbuch) → verschiedene Stufen (grün = ausgeglichen, gelb = leicht unausgeglichen, rot = stark unausgeglichen (keine Flexibilisierung mehr möglich))

- <u>Langzeitkonto</u>: wird hinter Flexikonto geschaltet

- <u>Probleme</u>:

    - Was ist bei unvorhergesehenen Dingen?

        - bspw. Ausscheiden des Arbeitnehmers oder Kündigung und Konto ist noch unausgeglichen → Problem des Ausgleiches

    - Preis- und Wertschwankungen bei Arbeitsleistung (bspw. Lohnsteigerung)

        → Abgefeierte Zeit des Arbeitnehmers wäre jetzt eigentlich mehr wert als zur geleisteten Zeit!

- <u>Unausgeglichenheit des Arbeitszeitkontos (Möglichkeiten des Ausgleichs)</u>:

<u>1. Überschuss an Zeitguthaben</u>

- Freizeitausgleich

- Auszahlung → §628 Abs. 1 BGB bei fristloser Kündigung oder Betriebs-/ Vertragsvereinbarung etc.

<u>2. Defizit an Arbeitszeit</u> (mtl. Gehalt bereits ausgezahlt)

- nacharbeiten (bei ordentlicher Kündigung mit langer Frist)

- Rückzahlung (bei außerordentlicher Kündigung, sofern Regelungen im Arbeitsvertrag oder Betriebsvereinbarung → §628 Abs. 1 S. 3 BGB)

        + §346 BGB: Rücktrittsrecht + volle Erstattung

        + §812 BGB: Entreicherungsanspruch (keine Rückerstattung oder nur im Rahmen der Bereicherung) für nicht zu vertretenen Umstand bei fristloser Kündigung (bspw. Verdachtskündigung oder betriebsbedingte Gründe oder personenbedingt im drastischen Krankheitsfall oder Sonderfall des Arbeitnehmers, in dessen Arbeitsvertrag oder Tarifvertrag eine ordentliche Kündigung ausgeschlossen ist)

b.) Urlaubszeit

- bezahlte Freistellung von der Arbeit als Erholungsanspruch

- gesetzlicher Anspruch nach §3 BurlG (24Tage = 4 Wochen) oder in Arbeits-/ Tarifvertrag geregelt

- <u>Probleme</u>:

- Legung der Urlaubstage (Bsp.: Urlaub immer auf Montag und Dienstag (9h-Tag) legen und Freitag (4h-Tag) dann arbeiten) → nicht im Sinne des BurlG, aber machbar

  - Arbeitsvertrag mit flexibler Arbeitswoche (nicht jeden Tag wird gearbeitet)

  - Teilzeitarbeitnehmer

  - Saisonarbeit

  → Vergütungspflicht des Arbeitgebers immer gleich!

- Lösung für flexible Arbeitswoche:

  (Urlaubstage im Betrieb/Werktage im Betrieb)*Tage, an denen wirklich gearbeitet wird = Urlaubstage des Arbeitnehmers

- alternativer Lösungsansatz: Urlaubsanspruch in Stunden statt Tagen

c.) Flexibilisierung der Dauer der Arbeitszeit (Variable Vergütung?)

- Beachten des Volumens der Arbeitszeit:

  - Probleme für Arbeitnehmer: schwankende Vergütung, schwierige Berechnung der Urlaubstage, Bestimmtheit des Arbeitsvertrags (Wer legt Arbeitszeit fest etc.?)

  - Vorteile für Arbeitgeber: keine Zahlung (da keine Beschäftigung), wenn keine Arbeit vorhanden (sonst §615 BGB: Annahmeverzug des Arbeitgebers; muss trotzdem zahlen → Betriebsrisiko)

- Problem der Bandbreitenregelung:

  → 1/3 weniger Arbeit → Arbeitgeber möchte Arbeitsvolumen um 1/3 verringern

  - muss neuen Arbeitsvertrag mit Arbeitnehmer festlegen

  - Änderungskündigung (Kündigung + anschließendes Anbieten eines Arbeitsvertrages mit neuen Konditionen)

  - Arbeitnehmer hat aber Möglichkeit des Kündigungsschutzes (§2 KSchG)

    - Änderung darf nicht sozial ungerechtfertigt sein (wenn doch bleibt das alte Arbeitsverhältnis mit alten Bedingungen bestehen) → ansonsten Annahme unter Vorbehalt

    - Somit keinerlei Risiko für Arbeitnehmer

    - Minimierung des Betriebsrisikos als Arbeitgeber-Grund vor Gericht nicht hinreichend

- Transparenzgebot: ungerechtfertigte Benachteiligung (§307 Abs. 1,2 BGB)

3. Teilzeitarbeit

1.) Bedeutung der Teilzeitarbeit

- Rekrutierung von Arbeitnehmern für eine bestimmte, befristete Zeit (bspw. Hotel oder Restaurant in der Abendzeit)

- Aufteilung eines Arbeitsplatzes unter mehreren Arbeitnehmern ist komplizierter und daher kostspieliger → Arbeitgeber ist daher nicht immer zur Teilzeitarbeit bereit (weniger beliebt als man denkt)

2.) Begriffsbestimmung und Arbeitnehmereigenschaft

- Arbeitgeber-Sicht: bis auf Kostenfaktor erstrebenswert (flexibler, an Arbeitsvolumen angepasst)

- Arbeitnehmer-Sicht: Vollzeit wäre meist besser auf Grund persönlicher Entwicklung, mehr Geld, Sicherheit, etc. ...

- Vollzeitjobs oftmals nicht zum Überleben ausreichend → Gang zum Jobcenter und entweder Meldung als „Aufstocker" oder Annahme eines zusätzlichen Nebenjobs (48h/Woche darf summiert aber nicht überschritten werden)

- steigende Bereitschaft Nebenjobs anzunehmen (auch weil Vollzeit nicht immer vorhanden ist)

- Arbeitsmarktpolitische Sicht: „Lieber zwei Arbeitnehmern Teilzeitjobs geben, als einen Arbeitnehmer Vollzeit zu beschäftigen und den anderen in die Arbeitslosigkeit zu schicken."

3.) Arbeitsrecht der Teilzeitarbeitnehmer

a.) Ausgangspunkt: Gleichbehandlung

- §1 TzBfG: Ziel = Förderung der Teilzeitarbeit (durch §8 → Anspruch auf Teilzeit, s. b))

- sofern Teilzeit-Arbeitnehmer anders behandelt werden → (Frauen-) Diskriminierung (da ca. 80% der Teilzeitarbeiter Frauen sind; auch auf europäischer Ebene relevant)

b.) Regelungen im Teilzeit- und Befristungsgesetz (insbesondere: Anspruch auf Teilzeitarbeit)

- §2 TzBfG: Teilzeit ist jede Beschäftigung, die (regelmäßig) unter der Dauer eines normalen Arbeitsverhältnisses liegt → Merkmal der Dauerhaftigkeit (bspw. nicht, wenn kurzzeitig 30h/Woche angeordnet werden)

- befristete und unbefristete Teilzeitarbeit möglich

- §12 TzBfG: Erbringen der Arbeitsleistung auf Abruf je nach Arbeitsanfall und bei Vereinbarung möglich (Ankündigung 4 Tage vorher: §12 Abs. 2 TzBfG)

- §13 TzBfG: „Jobsharing" (Arbeitsplatzteilung) → Vereinbarung Arbeitsplatz zu teilen. Wenn einer ausfällt, muss der andere ihn vertreten (einer muss immer anwesend sein)

- §2 Abs. 2 TzBfG: Volumen der Arbeitszeit ist kein relevanter Faktor für die Arbeitnehmer-Eigenschaft (Teilzeit erfüllt Arbeitnehmer-Definition: weisungsgebunden, etc.)

- Teilzeit-Quote sehr hoch (>30%), gilt aber trotzdem als Sonderform

- §4 TzBfG (+ Art. 157 AEUV): Diskriminierungsverbot gegenüber Vollzeitbeschäftigten, außer wenn sachliche Gründe es erfordern → geringeres Arbeitsvolumen führt nicht zu einer Sonderbehandlung (Gleichbehandlungsgrundsatz). → Sachliche Gründe schwer zu rechtfertigen, aber bspw.:

   - oftmals nicht hoch qualifizierte Aufgaben mit höherer Bezahlung, sondern simple Aufgaben

   - weniger Berufserfahrung

   - weniger qualifiziert (ggf. keine Ausbildung wie Stammpersonal)

- §10 TzBfG: Aus- und Weiterbildung von Teilzeit-Arbeitnehmern

- bei Ungleichbehandlung (Verstoß gegen §4 Abs. 1 TzBfG, Art. 157 AEUV, GG) muss derjenige (bspw. durch Änderungskündigung) gleich oder besser gestellt werden (Beseitigung der Ungleichbehandlung = Herstellung der Gleichbehandlung) → „Aufstocken"

   - 1. Rechtsfolge: Nichtigkeit nach §134 BGB d. Vergütungsregelung

   - 2. Rechtsfolge: §612 BGB = übliche Vergütung greift

   - Besser: Weiter arbeiten und am Ende Vergütung einfordern, denn bei vorzeitigem Geltendmachen droht Gefahr der Kündigung (aber beachten: Nach 3 Jahren Verjährung → Erlöschen des Anspruchs; Und beachten: Ausschlussfrist von mindestens 3 Monaten)

- §7 TzBfG: Ausschreibung einer Stelle muss auch als Teilzeitarbeitsplatz geschehen (aber ineffizient, da Arbeitgeber Teilzeit-Bewerbungen einfach aussortieren kann)

- §9 TzBfG: Verlängerung der Arbeitszeit, d.h. Rückkehr zur Vollzeitarbeit → kein Anspruch des Arbeitnehmers, muss aber bei Vergabe eines freien (Vollzeit-) Arbeitsplatzes bevorzugt werden, da sonst Personalüberhang entstehen kann (sog. „schwaches Recht", da sonst Eingriff in die unternehmerische Freiheit)

- §11 TzBfG: (Außerordentliches) Kündigungsverbot, sodass Arbeitgeber Wechsel von Vollzeit zu Teilzeit und umgekehrt nicht erzwingen kann. Möglichkeit der ordentlichen Kündigung bleibt jedoch bestehen.

<u>Anspruch auf Teilzeitarbeit:</u>

- Kernstück des TzBfG ist der §8 → Verringerung der Arbeitszeit = Anspruch auf Teilzeitarbeit

- **Abs. 1**: Arbeitnehmer (bereits im Betrieb) kann nach 6 Monaten eine Verringerung seiner Arbeitszeit verlangen

- **Abs. 3**: Arbeitnehmer und Arbeitgeber müssen eine Vereinbarung treffen

- **Abs. 4**: Arbeitgeber muss zustimmen, außer wenn betriebliche Gründe entgegenstehen

   <u>Prüfung</u>, ob betriebliche Gründe entgegenstehen:

1. Tragfähiges, unternehmerisches Konzept?

    - bspw. dauerhafte Arbeitnehmer im Kindergarten (nicht ausreichend, wenn Arbeitgeber lediglich sagt, dass es seinem Personal- /Organisationskonzept entgegensteht)

2. Steht dieses Konzept dem Arbeitnehmer-Wunsch entgegen?

    - steht nicht entgegen, wenn es bereits einem Vollzeit-Beschäftigten entgegenstehen würde

    - steht nicht entgegen, wenn der Arbeitnehmer-Wunsch modifizierbar ist und das Konzept so weitestgehend tragbar (d.h. auch bei Teilzeit durchführbar) ist

3. Abwägen der jeweiligen (entgegenstehenden?) Interessen

→ Außerdem: **Problem der unverhältnismäßigen Kosten** (§8 Abs. 4 S. 2 TzBfG); Bsp.: Außendienstmitarbeiter mit Dienstwagen will Arbeitszeit verringern → zu hohe Kosten, da Arbeitgeber für zusätzlichen Arbeitnehmer ein weiteres Fahrzeug bereitstellen müsste

- **Abs. 5**: Verfahrensvorschriften

- **Abs. 7**: mindestens 15 Arbeitnehmer müssen im Betrieb beschäftigt sein (unabhängig von der Zahl der Berufsbildenden und inkl. der Teilzeitarbeitnehmer), damit Teilzeit gewährt werden kann

c.) Detailfragen

aa.) Dauer des Arbeitsverhältnisses

- §1 KSchG: Arbeitnehmer muss für Kündigungsschutz mindestens 6 Monate im Betrieb sein

- §3 Abs. 3 EFZG: Arbeitnehmer muss für Entgeltfortzahlungsanspruch mindestens 4 Wochen im Betrieb sein

    → Teilzeitarbeitnehmer haben keine verlängerten Fristen, da die Arbeitszeit (Arbeitsvolumen) unwichtig ist, solange ein Arbeitsverhältnis bestanden hat.

    → Ausnahme: Verlängerung bei sachlichen Gründen möglich (bspw. Grundlage ist eine bestimmte Arbeitsdauer, wie Sammlung von Berufserfahrung)

bb.) Arbeitszeit

- §2 ArbZG: Arbeitszeit nur beim Arbeitgeber von Bedeutung (bspw. bei 2 Teilzeitjobs oder Selbständigkeit)

- Müssen Teilzeitarbeiter Überstunden leisten? (praxisrelevant)

    - Anordnung durch Weisungsrecht des Arbeitgebers

    - n.h.M.: Nein, außer in den dringenden Ausnahmefällen! (oder wenn der Arbeitnehmer sich bereit dazu erklärt)

- Normalerweise Überstundenvergütung = 125% des normalen Lohnes → Auch für Teilzeitarbeitnehmer?

→ Grundsätzlich kein Zuschlag; erst wenn Maß der Überstunden des Teilzeitarbeiters über das des Vollzeitarbeiters hinausgeht (nur normale Vergütung sonst)

→ Mittelbare Diskriminierung, aber sachlich begründet durch EUGH (Überstunden können nur über Maß der Standardarbeitszeit, d.h. Vollzeit hinausgehen)

cc.) Vergütung

- Teilzeitarbeiter darf nach §4 TzBfG gegenüber Vollzeitarbeitern nicht diskriminiert werden → Abs. 1 S. 2: Vergütung für geleistete Arbeitszeit muss im selben Umfang wie beim Vollzeitbeschäftigten geschehen

- Bekommt ein Vollzeitarbeiter ein 13. Monatsgehalt, so auch der Teilzeitarbeitnehmer (im Rahmen der durchschnittlich geleisteten Arbeit/Monat)

- Teilzeitarbeitnehmer haben denselben Anspruch auf den betrieblichen Kindergarten

→ Wert einer Teilzeit-Arbeitsstunde muss der einer Vollzeitkraft entsprechen (in der Praxis aber oft geringer → unterschiedliche Löhne)

Rechtsfolgen bei Ungleichbehandlung (Verstoß gegen Rechtsnormen):

- §134 BGB: Nichtigkeit bei Rechtsverstoß

- §139 BGB: Teilnichtigkeit → bspw. Vergütungsvereinbarung unwirksam, Arbeitsverhältnis aber nicht

- §612 BGB: bei Arbeitsverhältnis ohne Vergütungsvereinbarung → übliche Vergütung greift

- Vereinbarungsregelungen (bspw. bei Änderungskündigung) nur möglich, um Arbeitnehmer besser oder gleich (Gleichbehandlungsgrundsatz) zu stellen, ansonsten greift §4 TzBfG

dd.) Urlaub

- Gesetzlicher Urlaub: 24 Tage (ausgehend von 6 Arbeitstagen pro Woche)

- Formel:

(Urlaubstage im Betrieb / Werktage im Betrieb) * geleistete Arbeitstage

→ bei 3 Arbeitstagen pro Woche = 12 Urlaubstage

- unabhängig von den Wochentagen, an denen gearbeitet wird und den Arbeitszeiten

ee.) Entgeltfortzahlung und Feiertagsvergütung

- Entgeltfortzahlung im Krankheitsfall unproblematisch (§3 EFZG)

- Feiertagsvergütung → Unmöglichkeit der Arbeitsleistung (kann nicht nachgeholt werden) → Wegfall der Vergütungsplicht nach §326 Abs. 1 S. 1 BGB? → Nein, da §2 EFZG Fortzahlung an Feiertagen regelt

- Muss der Arbeitnehmer seine Arbeitsleistung an einem bestimmten Tag nachholen?

→ Nur, wenn im Arbeitsverhältnis ein oder mehrere bestimmte Tage in der Woche festgelegt sind (nicht nur Anzahl der Arbeitstage pro Woche)

→ Bestimmte Klauseln im Vertrag möglich

→ Ausnahmeregelung, wenn bestimmter Arbeitstag festgelegt ist: Unmöglichkeit der Leistung nach §275 BGB (keine Entgeltfortzahlung somit)

- Bsp.: Arbeitnehmer arbeitet nur 1 Tag pro Woche und kann sich diesen beliebig legen. Er legt sich diesen auf einen Feiertag. Bekommt er eine Entgeltfortzahlung i.s. der Feiertagsvergütung? → Nein, da die Arbeitsleistung nicht in Folge eines Feiertages ausfällt (er hat Einfluss darauf, da er sich diesen Tag bewusst wählt) nach §2 Abs. 1 EFZG.

ff.) Kündigungsschutz

- Teilzeitarbeitnehmer muss, wie auch der normale Arbeitnehmer (§ 23 S. 4 KSchG), mindestens 6 Monate im Betrieb sein für Kündigungsschutz (Arbeitsvolumen irrelevant, lediglich das Band der Arbeitsbindung zählt); vorausgesetzt es handelt sich nicht um einen Kleinbetrieb (unter 10 Arbeitnehmern)

- Was ist mit Betrieben mit nur 5 festen Arbeitnehmern, aber 50 Teilzeitarbeitern? Haben diese ebenfalls Kündigungsschutz? → Teilzeitarbeiter zählen mit zu den mindestens 10 Arbeitnehmern, daher handelt es sich nicht um einen Kleinbetrieb und die Voraussetzungen für Kündigungsschutz (Arbeitnehmer-Definition, 6 Monate im Betrieb, kein Kleinbetrieb) sind somit erfüllt.

- §2 Abs. 4 AGG: Diskriminierung spielt bei Auswahl der Gekündigten keine Rolle, da Gegensätze sonst bestehen würden (Diskriminierung junge Arbeitnehmer <-> Diskriminierung alte Arbeitnehmer bspw. → Eine Seite wird immer benachteiligt bzw. kann dies so auslegen). Dies gilt auch für Teilzeit- und Vollzeitarbeitnehmer.

4.) Abrufarbeit (KAPOVAZ)

- KAPOVAZ = Kapazitätsorientierte variable Arbeitszeit

- Nicht weiter behandelt in der Vorlesung, d.h. nicht klausurrelevant.

4. Befristete Arbeitsverhältnisse

1.) Bedeutung und Ausgangspunkt

- §14 TzBfG: grundsätzlich Zulässigkeit der Befristung bei Rechtfertigung durch sachlichen Grund (Grunderfordernis)

- §620 Abs. 1 BGB: Dienstverhältnis endet mit Ablauf der eingegangenen Zeit (keine Voraussetzungen für Befristung; früher Haupt-Anspruchsgrundlage, da TzBfG relativ „neu" ist und extra durch Gesetzgeber eingeführt wurde)

- §14 Abs. 2 TzBfG: übernimmt modifizierte Vorschrift des früheren (veralteten) Beschäftigungsförderungsgesetzes (u.a. Aussage von diesem: Befristung auch ohne sachlichen Grund möglich, aber nur bei Neueinstellung und auf maximal 2 Jahre)

- Es gibt zusätzlich spezielle Gesetze für Befristung in der Wissenschaft und für Ärzte in der Weiterbildung. → TzBfG jedoch trotzdem das Kernstück.

- §3 Abs. 1 TzBfG: Definition befristet Beschäftigte

- §14 Abs. 4 TzBfG: Schriftformerfordernis der Befristung (≠ normales Arbeitsverhältnis)

　　→ Wenn nicht schriftlich: §125 BGB: Nichtigkeit der Befristung (jedoch nicht des AV)

　　→ Bei schriftlicher Festlegung der Befristung nach Arbeitsbeginn ist die Befristung ebenfalls nichtig! (ggf. Feststellungsklage beim Arbeitsgericht durch Arbeitnehmer)

2.) Zulässigkeit der Befristung

a.) Mit Sachgrund

- §14 Abs. 1 TzBfG: (erlaubt unendlich viele Befristungen hintereinander, sofern immer ein Sachgrund vorliegt)

　　- Nr. 1: z.B. Saisonarbeit

　　- Nr. 2: bei Lehrlingen: §24 BBiG (automatisch unbefristet) → Befristung muss vor Abschluss der Lehre beschlossen werden!

　　- Nr. 3: Vertretung (auch mittelbar)

　　- Nr. 4: z.B. Rundfunk/ Fernsehen/ Schauspieler/ Fußballer (Unterhaltungsinteresse; durch Verschleiß → Abwechslung)

　　- Nr. 5: nur für den Fall, dass Arbeitsverhältnis insgesamt befristet ist! (gilt für ges. Abs. 1) → Kündigung entfällt → nicht bei unbefristetem AV mit z.B. 6-monatiger Probezeit (Kündigungsfrist = 2 Wochen nach §622 Abs. 3 BGB)

　　- Nr. 6: Bsp. AN aus dem Nicht-EU-Bereich → braucht Arbeitserlaubnis für befristete Zeit ODER Bsp. Student möchte nur in den Ferien arbeiten

　　- Nr. 7: gilt nicht für unsichere Haushaltslage; Bsp. Forschungsgelder → immer befristet (Projekte)

　　- Nr. 8: Bsp. Kündigungsschutzklage eines AN, Gründe sind aber nicht ganz klar oder unklar (unsichere Beweislage) → Vergleich: AV soll für kurze/ befristete Zeit weiter bestehen b.) Ohne Sachgrund

- §14 Abs. 2 TzBfG:

    - für 2 Jahre zulässig

    - §14 Abs. 2 a: bei Neugründung eines Unternehmens → 4 Jahre

    - insgesamt 3 Befristungen in 2 Jahren möglich

    - nur möglich, wenn zuvor kein AV zwischen AN und AG bestanden hat (S. 2) → Verhinderung von „Befristungsketten" (nach Ablauf der Frist aus Abs. 2 nur noch befristete Einstellung nach Abs. 1 möglich (umgekehrt aber nicht))

    - BAG: 3 Jahres-Grenze für zuvor bestandenes AV (heftig umstritten)

- §14 Abs. 3 TzBfG:

    - AN ist mindestens 52 Jahre alt und mind. seit 4 Monaten (ODER: Transfer Kurzarbeitergeld ODER Öffentlich geförderte Beschäftigungsmaßnahme) arbeitslos → Ziel: Schaffung von Arbeitsplätzen für ältere AN (besser befristet angestellt als gar nicht), dennoch aber Altersdiskriminierung vorliegend

    - Befristung auf maximal 5 Jahre

- §16 TzBfG: Folgen unwirksamer Befristung: AV gilt als unbefristet → AG hat aber dennoch Möglichkeit der ordentlichen Kündigung (einmonatige Frist nach §622 BGB) → Sonderregelung HS. 2: frühestens zum Ende der unwirksamen Befristung (Ausnahmen: §15 Abs. 3 und §16 S. 2 TzBfG)

- §17 TzBfG: Kündigungsschutzklage beim Arbeitsgericht spätestens 3 Wochen nach Befristungsende (→ ansonsten §7 KSchG: Kündigung ist wirksam)

3.) Ende des befristeten Arbeitsverhältnisses

- §15 Abs. 1 TzBfG: kalendermäßig

- §15 Abs. 2 TzBfG: zweckbefristet: Ende frühestens 2 Wochen nach Unterrichtung des AG

- §15 Abs. 5 TzBfG: AV gilt als unbefristet verlängert, wenn AN nach Ende weiter arbeitet und AG diesem nicht widerspricht

5. Telearbeit

- Telearbeiter gelten als Arbeitnehmer (§5 BetrVG) → Vorschriften des Arbeitsrechts sind anwendbar

- Telearbeit auf Weisung des Arbeitgebers ist nur möglich, wenn es zuvor im Arbeitsvertrag offen gehalten wurde

- keine Kontrolle möglich bezüglich Arbeitszeit, Ausstattung (Ausgestaltung) → Art. 13 GG (kein Vorbeikommen)

- Allgemeine Mitbestimmungsrechte des Betriebsrats gelten, aber auch hier Kontrolle nicht möglich

6. Arbeitnehmerüberlassung

1.) Bedeutung und Grundstruktur

- kein 2- sondern ein 3-Personen-Verhältnis (als Besonderheit)

- Grundstruktur:

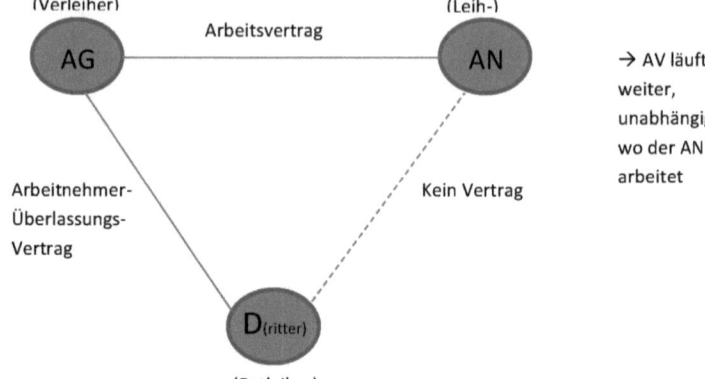

- Leiharbeitnehmer: leistet Arbeitspflicht gegenüber Arbeitgeber bei einem Dritten ab

- Entleiher: Positiv für ihn da er kurzfristig auf Änderung der anfallenden Arbeit (Arbeitsvolumen) reagieren kann, ohne Arbeitnehmer fest anstellen und sich Gedanken über ein befristetes Arbeitsverhältnis machen zu müssen → Deckung des kurzfristigen Personalbedarfs (außerdem sind Leih-AN meist günstiger)

    - Problem: Dritter wird Leih-AN wesentlich schlechter behandeln als eigene AN
    (Dumpinglöhne etc.)

- Positiver Effekt: Es werden AN an Bord geholt, die im normalen Arbeitsverhältnis niemals eingestellt werden würden (bspw. Experten für selten anfallende Aufgaben) → Bundesarbeitsagentur erkennt dies.

- Alternative zur Arbeitnehmerüberlassung = Werkverträge mit ausländischen Arbeitnehmern (bspw. Feldarbeiter aus dem Osten Europas), in deren Land kein Mindestlohn vorgesehen ist (Inländische Regeln gelten nicht für diese)

2.) Regelungen im Arbeitnehmerüberlassungsgesetz (AÜG)

- Ziel: Arbeitnehmer-Schutz

- §1 Abs. 1 AÜG: Erlaubnispflicht

- „echte" Leiharbeit: AN wird nur manchmal kurzzeitig verliehen (≠ Einstellung von AN, nur zum Zweck des Entleihens), arbeitet grundsätzlich aber im eigenen Betrieb (bspw. Profifußball) → AÜG gilt nicht

→ AÜG gilt nur bei erwerbsmäßiger, „unechter" Leiharbeit

- Bsp.: Entleihen innerhalb eines Konzerns (Abgrenzung vom Begriff des Gewerbes → keine Gewinnerzielung (Merkmal Gewerbe) erforderlich; nach §1 Abs. 1 S. 1 AÜG ist die wirtschaftliche Tätigkeit ausreichend, damit es als erwerbsmäßig gilt)

3.) Vertragsbeziehungen

- Arbeitsvertrag:

- normal gegeben (für Inhalte gelten die allgemeinen Regeln)

- formlos wirksam, aber nach 1 Monat müssen wesentliche Inhalte schriftlich festgehalten werden nach §11 Abs. 1 AÜG i.V.m. §2 Abs. 1 NachwG

→ Arbeitsverhältnis ist unwirksam, wenn AG nach §9 Nr. 1 AÜG keine Erlaubnis hat → Arbeitsverhältnis entsteht dann automatisch zwischen AN und Entleiher nach §10 Abs. 1 S. 1 AÜG

- Leiharbeit als Ausnahme von §613 S. 2 BGB (Unübertragbarkeit der Leistungspflicht)

- Weisungsrecht des AG geht auf Dritten über → §328 BGB: **Vertrag zugunsten Dritter**

- Lohn richtet sich nach „Standard" im Entleiherbetrieb nach §9 Nr. 2 AÜG → „equal pay & equal treatment" (auch Urlaubsanspruch richtet sich bspw. nach dem Anspruch der Stammbelegschaft)

→ **Tariföffnungsklausel**! (macht das Ganze erst problematisch, bis hierhin keine Probleme für AN)

→ Tarifvertrag darf schlechtere Entlohnung beinhalten, solange Lohnuntergrenze nach §3a AÜG nicht unterschritten wird → benötigt Tarifbindung beider Parteien oder Verweisungsnorm im Arbeitsvertrag auf den einschlägigen Tarifvertrag, wenn nur AG tarifgebunden ist

→ Oder: AN und AG können Anwendung eines Tarifvertrages vereinbaren, wenn beide nicht tarifgebunden sind (§9 Nr. 2 AÜG)

→ Öffnet Dumpinglöhnen „Tür und Tor"!

- Leiharbeitsverhältnis kann ganz normal beendet werden; nach Gesetz: Wenn Erlaubnis wegfällt

- Verpflichtung des AN zur Erbringung seiner „normalen" Arbeitsleistung beim Entleiher → Was ist bei Schaden/ Schlechtleistung?

→ SE-Anspruch des Dritten gegen AN gemäß §280 Abs. 1 BGB da Vertrag zugunsten Dritter (Abtretung der Ansprüche des AG → direkter Anspruch für Dritten)

→ Grundsatz des innerbetrieblichen Schadensausgleiches zwischen AN und Drittem

- Arbeitnehmerüberlassungsvertrag:

    - Verleiher verpflichtet sich zur Überlassung geeigneter AN

    → Schaffungsrisiko (muss solche AN überlassen können, ansonsten nicht berechtigt solche anzubieten)

    - ABER: Keine Haftung des Entleihers bei Schlechtleistung, ist nicht für Qualität der Leistung verantwortlich

4.) Kollektiv-rechtliche Betrachtung

- §14 Abs. 2 AÜG: Leih-AN sind im Betrieb des Entleihers nicht in Betriebsrat wählbar, sind aber (sofern länger als 3 Monate im Betrieb eingesetzt) gemäß §7 S. 2 BetrVG wahlberechtigt

- Entleiher-Betriebsrat hat Mitspracherecht für Leih-AN

- §14 Abs. 3 AÜG: Beteiligung des Betriebsrats nach §99 BetrVG